LE

MOUVEMENT DE LA POPULATION

ET SES

CONDITIONS ÉCONOMIQUES

PAR

Hector DENIS
MEMBRE DE L'ACADÉMIE ROYALE DE BELGIQUE

(Présenté à la Classe des lettres dans la séance du 1er février 1897.)

TOME LIX. 1

LE

MOUVEMENT DE LA POPULATION

ET SES

CONDITIONS ÉCONOMIQUES

Si l'on rapproche les théories de la population proposées à un siècle d'intervalle, on est frappé du contraste qu'elles présentent. La première édition du livre de Malthus, auquel M. Bonar a consacré récemment une vaste et savante étude, parut en 1798; c'était un écrit encore anonyme, destiné à ruiner les plans de réforme égalitaire de Godwin ou à montrer leur instabilité.

L'instinct de reproduction de l'espèce y était conçu comme une force irrésistible dont la réorganisation sociale égalitaire, rêvée par Godwin, et même jusqu'aux plus modestes efforts pour améliorer d'une manière durable l'état social et moral de l'humanité, ne pouvaient qu'accroître l'énergie. L'humanité apparaissait comme l'esclave d'une passion invincible, et seuls, le vice et la misère opposaient à l'instinct leurs obstacles destructifs et préventifs. Ce n'est qu'en 1803 que le sombre pessimisme de Malthus fléchit, et qu'un obstacle normal et moral vient s'opposer, dans son œuvre, à l'instinct de reproduction; le *moral restreint*, le mariage tardif, accompagné de la pureté des mœurs, apparut comme l'artisan suprême et l'artisan volontaire de l'équilibre. Mais des passages décisifs de l'ouvrage de Malthus témoignent qu'à ses yeux l'action régulatrice de cette énergie volontaire était encore si faible chez les peuples civilisés, que la prépondérance de l'instinct s'opposait même à toute amélioration de l'état social des classes pauvres.

Transportons-nous à un siècle de la publication de l'*Essai sur le principe de population*, et dans les théories les plus récentes, nous verrons l'action volontaire conçue comme prépondérante et décisive. Non seulement l'instinct est considéré comme soumis cette fois à la volonté, mais l'action volontaire, réfléchie et consciente de l'homme sur la propagation de son espèce inspire, à son tour, à des esprits éclairés, les mêmes inquiétudes ou les mêmes terreurs qu'avait fait naître originairement la tendance instinctive.

C'est surtout en France que s'élaborent les théories nouvelles de la population ; la décroissance graduelle de la natalité française a dirigé naturellement les recherches des démographes, des économistes, des psychologues et des sociologues vers ce grand objet. Le vaste et bel ouvrage de M. Levasseur sur la population française, l'histoire plus modeste, mais substantielle, de cette même population par M. Schäbe, les travaux du Dr Bertillon, de Cros, Chervin, Maurel, de Cheysson sur la dépopulation et ses causes, la remarquable étude sociologique de M. Arsène Dumont, l'enquête de Baudrillart sur les populations agricoles, et le dernier volume du *Traité d'Économie politique* de M. P. Leroy-Beaulieu, professeur au Collège de France, ont éclairé de vives lumières les aspects biologique, psychologique et sociologique du problème de la population. Les deux derniers travaux que je viens de citer s'appliquent surtout à rattacher à l'action de la volonté réfléchie et consciente le ralentissement de la natalité.

M. Arsène Dumont a embrassé, dans une œuvre profonde de véritable sociologue, l'étude des dispositions intellectuelles, morales, esthétiques, économiques, politiques, qui déterminent l'action volontaire sur la natalité française et sont, à ses yeux, les véritables causes de son affaiblissement. Elles se résolvent dans un développement exagéré de l'idéalisme individuel, et dans l'effort incessant et sans mesure de l'individu pour se développer en jouissances ou en valeur ; et, dans cet effort d'ascension que Dumont assimile à une sorte de capillarité sociale, l'individu, pour arriver vite et haut, tend de plus en plus à se débarrasser des soucis et des charges qui arrêtent son essor. Loin de considérer cette évolution comme nécessaire ou comme bienfaisante, M. Dumont voit dans l'opération de ces facteurs complexes psychiques et sociaux, la marque d'une véritable déviation de la nation française, et il recherche dans l'expansion d'un sentiment moral supérieur, celui de la solidarité, le moyen de conjurer les excès de l'individualismo, et de ramener le mouvement de la population à une norme.

L'œuvre de M. Paul Leroy-Beaulieu est plus objective ; il considère les lois de la population comme variables avec les états sociaux, et, par là même, il écarte, lui aussi, l'action uniforme, constante, invariable du principe de la population, telle que Malthus l'a conçue, surtout au début. Les sociétés arrivées à un certain degré de bien-être et de culture réagissent contre la reproduction de l'espèce par le concours d'un ensemble de causes déterminantes de l'action volontaire et réfléchie, et qu'il comprend sous le terme générique de civilisation. C'est un ensemble de causes favorables et défavorables au développement moral de l'homme : le développement de l'instruction, l'ambition personnelle, la concurrence même la plus âpre dans les diverses carrières, les idées démocratiques, les goûts de luxe, le sans-gêne, l'excès de prévoyance, ce sont là tous éléments de la civilisation moderne et qui concourent, dans des proportions d'ailleurs indéterminables, à diminuer les naissances. De sorte qu'aux yeux de M. Leroy-Beaulieu, le danger des peuples civilisés est beaucoup moins dans l'excès de population que dans la tendance à la décroissance du taux des naissances.

Il y a dans cette doctrine une sorte de retour des conceptions harmoniques de Bastiat et de Carey, mais avec une complexité de causes que ni Bastiat ni Carey n'ont conçue.

M. Leroy-Beaulieu est beaucoup moins porté que M. Dumont à dénoncer dans les faits les perturbations morales de l'individualisme et à faire appel à une morale altruiste supérieure pour les contenir et les refouler ; mais, par là même qu'il considère l'action régulatrice de la population comme inhérente à la civilisation moderne elle-même, telle qu'elle s'offre à nous avec ses grandeurs et ses infirmités, M. Leroy-Beaulieu s'applique à généraliser l'interprétation du mouvement de la population, qu'il a adoptée d'abord pour la France.

En faisant appel à de riches matériaux statistiques, il entreprend d'expliquer le ralentissement de la natalité par les mêmes causes générales chez tous les peuples avancés en civilisation industrielle et particulièrement chez le nôtre. C'est là qu'il importe pour nous de le suivre avec attention ; le problème statistique est de savoir si des causes volontaires, sans doute, mais temporaires et variables, ne suffisent pas à expliquer les phénomènes qu'il rattache à l'ensemble des causes constantes dérivant de notre état de civilisation, ou du moins, si ces deux ordres de causes ne concourent pas à produire les résultats observés, et s'il n'est pas possible de distinguer et de déterminer en quelque mesure leur opération.

M. Leroy-Beaulieu a calculé les nombres proportionnels des naissances par mille habitants, en Belgique, par périodes décennales depuis 1831. Il a montré que la moyenne élevée de la première de ces décades, 1831-1840, ne s'est plus reproduite dans aucune décade postérieure ; cependant, il reconnaît que la natalité a été plus abondante pendant les périodes de 1861-1870. « Le très grand essor de l'industrie et du bien-être, dit-il, dans ces deux décades, 1861-1870 et 1871-1880, opérant sur une population encore très fruste et assez primitive, rendit la natalité, non pas, à proprement parler, plus abondante, mais plus régulière que dans les décades 1841-1850 et 1851-1860, tout en laissant le taux moyen de cette natalité fort inférieur à celui de la période 1831-1840. Mais, ajoute ce savant, à partir de 1881, *et quoique l'on ne puisse dire que la prospérité du pays*

se fût atténuée, le taux de la natalité diminue très sensiblement : c'est à peine si, pour cette décade 1881-1890, il dépasse
légèrement 30 °/₀₀, et dans les années suivantes, 1892 et 1894,
il descend au-dessous de 30... »

L'auteur insiste en suivant la marche du phénomène de
1881 à 1892, et en montrant que dans l'intervalle le chiffre de
la natalité ne s'est relevé qu'une seule fois au-dessus de 30 °/₀₀,
bien que les années 1889 à 1892 aient été prospères pour la
grande industrie; et, interprétant le fléchissement du taux
des naissances annuelles, il conclut : «C'est une application de
cette loi générale que, dans une population qui a atteint une
certaine somme d'instruction, de bien-être, et qui s'est impré-
gnée d'idées démocratiques, la prolificité diminue, il est pro-
bable qu'il en sera ainsi de plus en plus en Belgique. »

Dans un volume publié un an avant le livre de M. P. Leroy-
Beaulieu, sur la *Dépression économique*, j'ai appelé l'attention
sur l'allure du mouvement de la natalité en Belgique
depuis 1830 : en établissant les moyennes quinquennales des
naissances par mille habitants, j'ai montré qu'à aucune époque
ultérieure les taux de 32,65 °/₀₀ constatés en 1830-1834, de
34,05 °/₀₀ en 1835-1839, n'ont été atteints. Sur ce point, l'accord
existe donc. Il n'existe pas sur l'interprétation des faits récents.
Et d'abord, il n'est pas exact de dire que pendant les décades
comprises entre 1860 et 1880 la natalité n'ait pas été, à proprement parler, plus abondante que pendant les décades comprises
entre 1840 et 1860, qu'elle ait été seulement plus régulière.
Elle a été à la fois plus *abondante* et plus *régulière* : plus *abondante*, parce que nous avons vu les moyennes quinquennales
de 1870-1874, de 1875-1879 se rapprocher très sensiblement
de la moyenne de 1830 à 1834; plus *régulière*, parce que
l'amplitude des variations de la natalité est contenue dans des
limites plus étroites de 1860 à 1880 que de 1840 à 1860.

C'est surtout à l'égard de la dernière partie de l'interprétation
de M. P. Leroy-Beaulieu que le désaccord est décisif entre
nous. La thèse qui domine l'esprit de M. Leroy-Beaulieu est

que les causes générales inhérentes à la civilisation moderne ont révélé leur empire après 1880, puisque, d'après lui, la continuation d'une ère de prospérité coïncide alors avec un affaissement progressif de la natalité. L'erreur de M. Leroy-Beaulieu est indéniable. Il n'est point vrai que la période comprise entre 1880 et 1889-1890 soit prospère : elle est, au contraire, la phase la plus tragique de la longue dépression économique qui suit l'expansion industrielle de 1870-1873 en Belgique.

Les traits les plus saisissants de cette période sont :

1° La baisse des prix. Les moyennes des prix de vingt huit produits ou groupes de produits exportés, calculées par moi, ont baissé de 30 % dans l'intervalle compris entre 1880 et 1889;

2° L'importance des exportations s'est abaissée, en 1885 et 1886, de $1/_{10}$ relativement à 1883, en *valeur nominale*, d'après les tableaux du *commerce extérieur*. Et, si l'on ramène les prix des produits à une moyenne uniforme pour toute la période, la diminution de la *quantité* des produits exportés peut être portée à 6 ou 7 %;

3° La contraction corrélative de la demande de travail ; elle a été manifeste surtout en 1886, année marquée par des grèves sanglantes ;

4° L'émigration prend, à partir de 1885, un essor qui ne se ralentit qu'en 1889.

Il me paraît impossible de séparer l'interprétation du mouvement des naissances, après 1880, de la crise prolongée dont la baisse des prix a été le signe le plus apparent.

Les fluctuations que présentent la matrimonialité et la natalité, dans le dernier quart de siècle, ont des connexions si marquées avec le grand ébranlement économique qui se révèle successivement par la hausse et la baisse des prix, qu'on peut en rattacher l'explication, au moins en grande partie, à ces événements.

Avec la hausse des prix des marchandises, l'esprit d'entreprise se développe, la demande de travail s'accroît, les salaires s'élèvent, la tendance à contracter mariage devient plus générale, le nombre des naissances augmente. Avec la baisse des prix, au contraire, l'esprit d'entreprise faiblit, la demande de travail décroît, les salaires baissent, le chômage devient plus fréquent, la tendance à contracter mariage diminue, le nombre des naissances fléchit.

Les courbes de la matrimonialité et de la natalité suivent sensiblement l'allure des courbes des prix.

La table des index-numbers belges n'a pu être dressée que de 1850 à 1898; mais on est frappé des relations générales entre l'un des phénomènes économiques qui expriment le mieux, par leurs variations, les variations dans les conditions générales de prospérité économique, et les phénomènes moraux et démographiques de la population.

On peut se convaincre qu'après les dépressions de la matrimonialité qui ont accompagné la crise de 1846-1847, les mauvaises récoltes et la cherté du grain de 1851-1853, elle se relève avec le mouvement ascensionnel des prix et l'élan industriel qui ont suivi la découverte des mines de Californie et d'Australie, elle s'affaisse avec l'abaissement des prix et les crises. Vers l'époque où l'influence de ces découvertes sur les prix semble avoir atteint ses limites, elle subit le retentissement des baisses des prix et des crises économiques; la nuptialité s'accentue avec la courte période de prospérité comprise entre 1870 et 1874, puis la dépression se révèle, accompagnant la baisse des prix : on est frappé de sa diminution en 1876, 1879, 1885, 1886, années marquées par l'abaissement rapide des prix et la contraction de nos exportations. Mais il faut reconnaître qu'après l'année terrible de 1886, la nuptialité se relève lentement, pour accélérer son allure après 1894, au point d'atteindre l'un de ses plus hauts sommets en 1897. Les prix, dans l'intervalle, ont continué de baisser; seulement il y a en 1894 et 1895 un temps d'arrêt dans l'abaissement, et l'impulsion donnée aux exportations révèle la reprise des affaires.

La natalité subit la répercussion des changements dans la nuptialité. Il est impossible de n'être pas frappé des grandes ondulations que les naissances subissent dans le cours du siècle : la marche ascendante de ce phénomène après les dures épreuves de 1846-1848, de 1851-1854; sa décroissance graduelle dans la période de dépression contemporaine des prix et d'affaissement de la nuptialité.

Un phénomène moral profondément intéressant à observer et dont la marche confirme celle de la matrimonialité et de la natalité générale, ce sont les naissances illégitimes. La courbe qui en a été tracée sur le diagramme, reproduit des ondulations successives de même ordre que celles de la nuptialité, mais d'allure inverse; elles ont atteint, aux époques redoutables des crises de 1846-1848, 1851-1854, et d'abaissement de la nuptialité, des coefficients qui n'ont plus jamais été observés, témoignage d'une éloquence tragique de la désespérance d'une reproduction légitime, des révoltes de la nature, de l'impuissance du ressort moral à les contenir; puis, pendant l'ascension des prix et de la matrimonialité, elle a, elle-même, subi une lente décroissance, associant à la moralité humaine l'espoir de conditions stables pour l'institution de familles nouvelles; enfin, avec la dépression des prix et de la matrimonialité, elle a repris son allure progressive, mais sans atteindre les coefficients considérables de la première période. De telles observations suffisent pour ramener à la mesure de la vérité et de la justice toutes les déclamations sur le progrès de l'immoralité et de la dissolution du mariage; la statistique comparative nous permet de jeter la sonde dans l'intimité de l'âme de la masse populaire et de signaler le retentissement dans l'ordre moral des perturbations économiques temporaires. Le secret de notre évolution morale est en partie dans les conditions économiques de cette évolution, et l'institution du mariage se fortifiera de toute l'influence régulatrice que nous exercerons sur ces conditions économiques.

Cependant, avec l'influence, certaine d'après moi, d'une crise prolongée, se combine celle des causes profondes dérivant des tendances progressives de notre civilisation économique.

Et il est possible d'en surprendre l'opération.

Elle se révèle par la diminution d'amplitude des variations de la matrimonialité et de la natalité ; les courbes sont, à cet égard, saisissantes. D'une part, les conditions matérielles d'existence, particulièrement le prix du blé, subissent d'une année à l'autre des changements moins profonds et moins brusques, et cette régularité plus grande compense, dans une certaine mesure, l'instabilité du travail ; d'autre part, le salaire réel moyen, exprimant la somme des jouissances de la famille ouvrière, s'est accru dans la seconde moitié de ce siècle ; il s'est opéré une adaptation graduelle à un *standard of life* supérieur, et une tendance de plus en plus persistante à le maintenir. Par là même, les progrès de l'individuation ont contrarié la multiplication de l'espèce. La *loi d'airain* du salaire, suivant laquelle les travailleurs tendraient à appliquer tous les excédents de salaire au delà du strict nécessaire, à multiplier l'espèce, est convaincue d'inexactitude par les phénomènes observés en Belgique. Et nous pouvons enregistrer comme une acquisition de la science positive que, lorsque le salaire réel a reçu une amélioration suffisamment prolongée pour fixer *l'habitude* d'un mieux-être appréciable, la représentation de la perte, pour soi et pour sa descendance, de l'avantage acquis éveille des sentiments d'égoïsme ou d'altruisme familial qui retardent les unions et contrarient la reproduction de l'espèce. A des degrés plus élevés du bien-être, ces sentiments peuvent atteindre une telle intensité, qu'ils refoulent d'une manière aussi excessive qu'immorale l'instinct de la reproduction. On ne peut donc dire que cet obstacle volontaire apporte naturellement avec lui la solution normale et morale du problème de l'équilibre de la population et des substances ; ce serait là une aberration et une nouvelle forme de l'optimisme. Ce sont simplement des forces qui entrent en conflit avec d'autres forces, et qui ont elles-mêmes à être ramenées à une norme et disciplinées par la morale sociale, et c'est précisément là l'un des plus grands aspects de la question sociale.

J'admets donc, en me plaçant au seul point de vue économique, le concours de causes constantes et de causes temporaires dans l'explication des variations de la matrimonialité; et particulièrement du ralentissement de la natalité. Et, à cet égard, je suis en partie d'accord avec MM. Leroy-Beaulieu et Arsène Dumont.

M. Leroy-Beaulieu a voulu serrer de plus près les conditions du problème et prolonger son interprétation dans l'étude de la natalité de nos provinces.

Il a été frappé surtout de la divergence profonde que présentent les phénomènes dans nos provinces à partir de la décade de 1871 à 1880; jusque-là, les provinces flamandes et les provinces wallonnes, particulièrement Liége et le Hainaut, se rapprochent sensiblement dans le taux de leur natalité; mais, à partir de là, l'écart va grandissant, et la natalité des Flandres, après n'avoir subi qu'une diminution faible, se relève.

« Dans la période de 1881-1890, dit-il, qui n'offre cependant au point de vue économique rien de bien exceptionnel, et dont les dernières années 1888 à 1890 ont même été signalées par une grande reprise industrielle et par une forte hausse des salaires, la natalité s'affaisse ... dans les provinces de Liége et du Hainaut. »

Et il infère de ces observations que ces deux provinces wallonnes présentent, au point de vue de la natalité, exactement le même caractère que la France, une décroissance très sensible et rapide, qui aboutit à un taux en définitive très bas.

Je veux, dans cette note, me borner à combattre ces généralisations hâtives, qui, dans le problème de la population, font reparaître une sorte d'optimisme.

Il y a encore erreur, ici, sur les conditions économiques que la période postérieure à 1880 a présentées dans nos provinces wallonnes de Liége et du Hainaut.

L'année 1886 a présenté le point le plus bas de la dépression du salaire dans les mines de houille, et il faut remonter à 1864 pour retrouver un taux inférieur. Le nombre des ouvriers occupés s'était réduit de 6,000 relativement à 1883. Et, s'il est vrai que la reprise marque les années 1889, 1890 et 1891, la baisse des salaires et la diminution du nombre des ouvriers occupés reparaît en 1832. L'instabilité du travail et du revenu de la classe ouvrière est certainement pour une part dans la diminution de la natalité. On peut juger par les diagrammes que la nuptialité a réflété dans ses variations celle de l'état économique général.

Je ne songe même pas à donner dans d'aussi courtes pages l'interprétation des différences d'allure de la natalité et de la nuptialité présentées par nos provinces. Des notes ultérieures consigneront le résultat de mes recherches; cependant, il est dès à présent possible d'éclairer un aspect du problème. M. le Dr Janssens a dressé des cartogrammes qui reproduisent la distribution de la natalité par arrondissement pendant deux périodes voisines de nous, 1873-1884, 1884-1895. La concordance des faits est telle qu'il y voit une relation entre la race et la natalité, attribuant aux Flamands une natalité plus abondante qu'aux Wallons.

Si l'on remonte plus haut le cours de l'histoire de la natalité en Belgique, on constate que ses variations et les inégalités de sa distribution sont indépendantes de la race.

J'ai pu, grâce aux matériaux statistiques recueillis par Quetelet, mais, par malheur, réimprimés avec des incorrections visibles, remonter jusqu'à 1829, et révéler nettement par là que la différenciation des taux de natalité n'affecte la direction qu'on lui assigne que longtemps après 1860.

Le péril est à la fois dans les généralisations hâtives et dans la séduction des thèses optimistes offrant aux problèmes les plus graves des solutions spontanées, laissant à l'écart la préoccupation d'une morale supérieure.

Années.	INDEX NUMBERS (H. Denis).	NOMBRE de naissances pour 1000 habitants.	NAISSANCES illégitimes pour 100 naissances.	MARIAGES pour 1000 habitants.
1841	»	28.62	7 28	7 34
1842	»	32.63	7.30	7.01
1843	»	31 85	7 53	6.74
1844	»	31.79	7.56	6 95
1845	»	32.17	7,64	6.09
1846	»	27.83	8.09	5.97
1847	»	27.28	8.25	5.57
1848	»	27 75	8.36	6.65
1849	»	30.99	9 11	7 29
1850	94.4	30.00	9.42	7.71
1851	90.6	30.38	8.50	7 49
1852	92.6	30.04	8.30	6.98
1853	93 4	28.28	8.90	6.78
1854	96.3	28.76	8.30	6.48
1855	99.3	27 47	7.80	6.52
1856	104.5	29.13	7.90	7.45
1857	107.8	34.64	7.90	8.23
1858	106.7	31.69	7.80	8.35
1859	111.4	32.38	7.60	7.99
1860	103.6	30.97	7.90	7.54
1861	98.8	31.12	7.79	7.44
1862	99.9	30.44	{ 7.80	7.44
1863	104.2	32.46	7.12	7.40
1864	116.6	32.06	7.77	7.55
1865	106.9	31.64	7.57	7.62

Années.	INDEX NUMBERS (H. Denis).	NOMBRE de naissances pour 1000 habitants.	NAISSANCES illégitimes pour 100 naissances.	MARIAGES pour 1000 habitants.
1866	106.9	31.70	7.40	7.58
1867	93.1	32.59	7.60	7 92
1868	95.8	31.90	7.20	7.44
1869	94.6	31.98	7.00	7.48
1870	94.8	32.77	7.20	7.02
1871	96.8	31.20	7.00	7.37
1872	109.0	32.73	7.40	7.84
1873	108.6	32.99	7.40	7 85
1874	106.3	33.11	7.00	7.68
1875	113.4	33.90	6.90	7.32
1876	106.3	32.74	7.40	7.07
1877	103.0	32.81	7.40	6.83
1878	98.4	31.91	7.30	6.77
1879	95 8	34.89	7.60	6.40
1880	100.1	31.04	7.70	7.08
1881	97.8	31 78	7.85	7.14
1882	85.0	31.57	8.40	7.02
1883	85.7	30.85	8.00	6.84
1884	82.8	30.89	8.48	6.78
1885	79 4	30.26	8.65	6.80
1886	77.8	29.91	8.67	6.77
1887	76.2	29.69	8.80	7.19
1888	75.6	29.39	8.74	7.10
1889	74.5	29.44	8.79	7.26
1890	70.0	28.98	8.63	7.32

Années.	Index numbers (H. Denis).	Nombre de naissances pour 1000 habitants.	Naissances illégitimes pour 100 naissances.	Mariages pour 1000 habitants.
1891	69 0	29.97	8 80	7.49
1892	66.5	28.92	8.85	7.69
1893	64.4	29.55	8.79	7.60
1894	59.0	28.98	8 99	7 52
1895	61.5	28.55	°.64	7.75
1896	61.0	29.02	8.76	8 10
1897	56.0	29 00	8.32	8.23
1898	58.0 (1)	28 62	7.88	8.31

(1) En 1897 et 1898, le prix des draps est donné d'après la valeur déclarée; de là une baisse dans les déclarations et les prix moyens. Si ces prix étaient restés fixés comme dans les années précédentes, les *index numbers* eussent été 60 et 60 au lieu de 56 et 58.

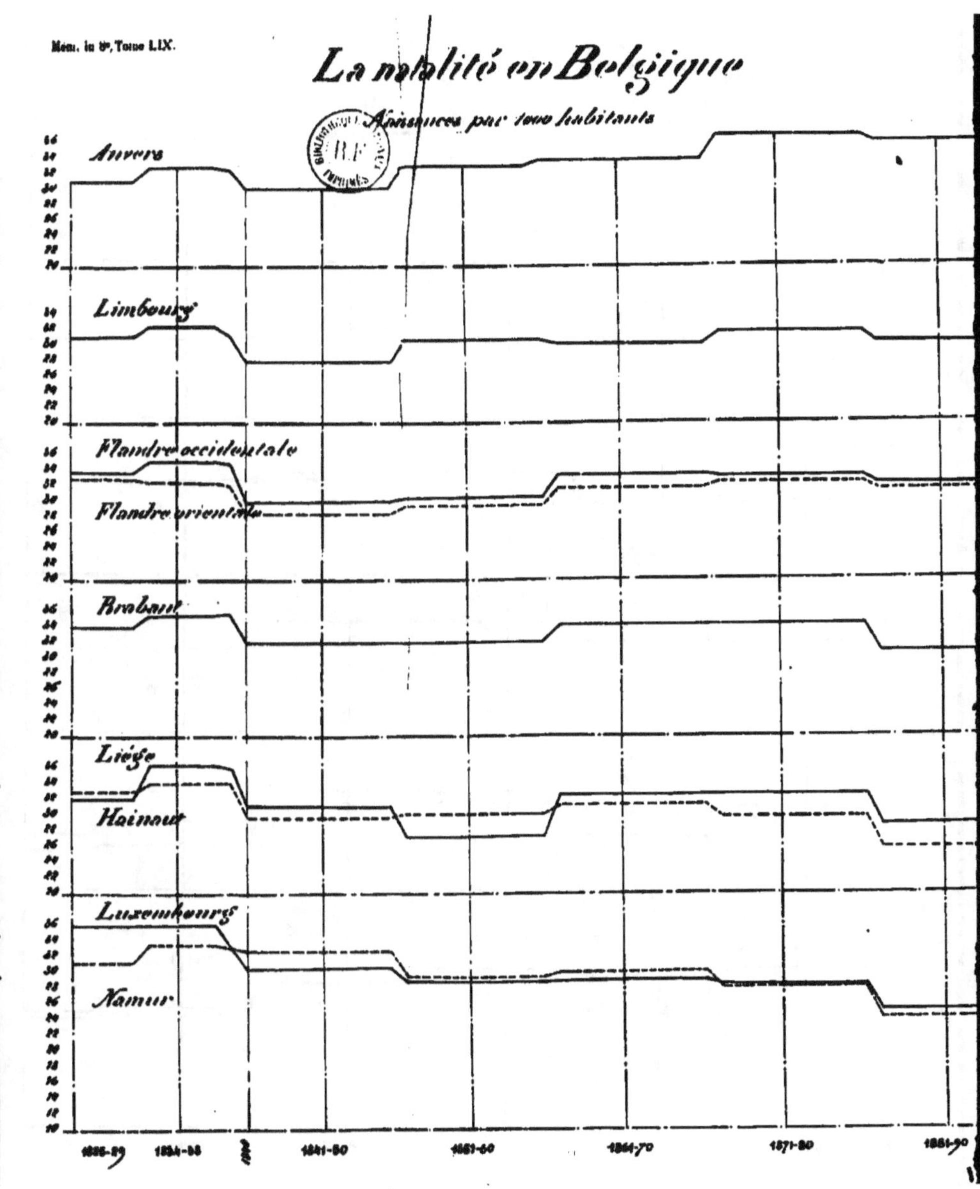
La natalité en Belgique
Naissances par mille habitants
Anvers
Limbourg
Flandre occidentale
Flandre orientale
Brabant
Liège
Hainaut
Luxembourg
Namur
1826-29
1834-38
1841-50
1851-60
1861-70
1871-80
1881-90

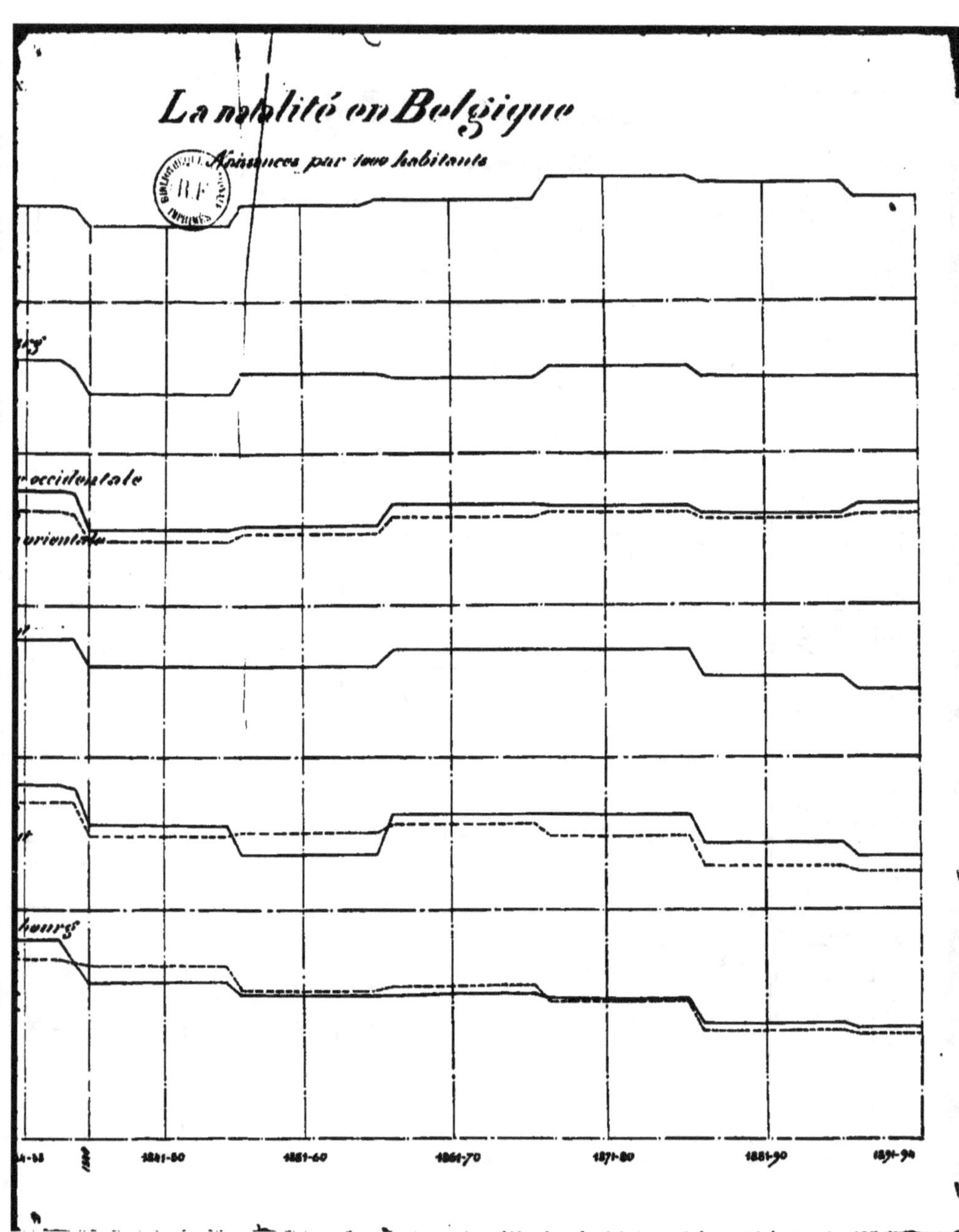

La natalité en Belgique
Naissances par mille habitants
occidentale
orientale
bourgs
1841-50
1851-60
1861-70
1871-80
1881-90
1891-94

Lois de la Population en Belgique

Lois de la Population en Belgique

Mém. in 8°, Tome LIX.

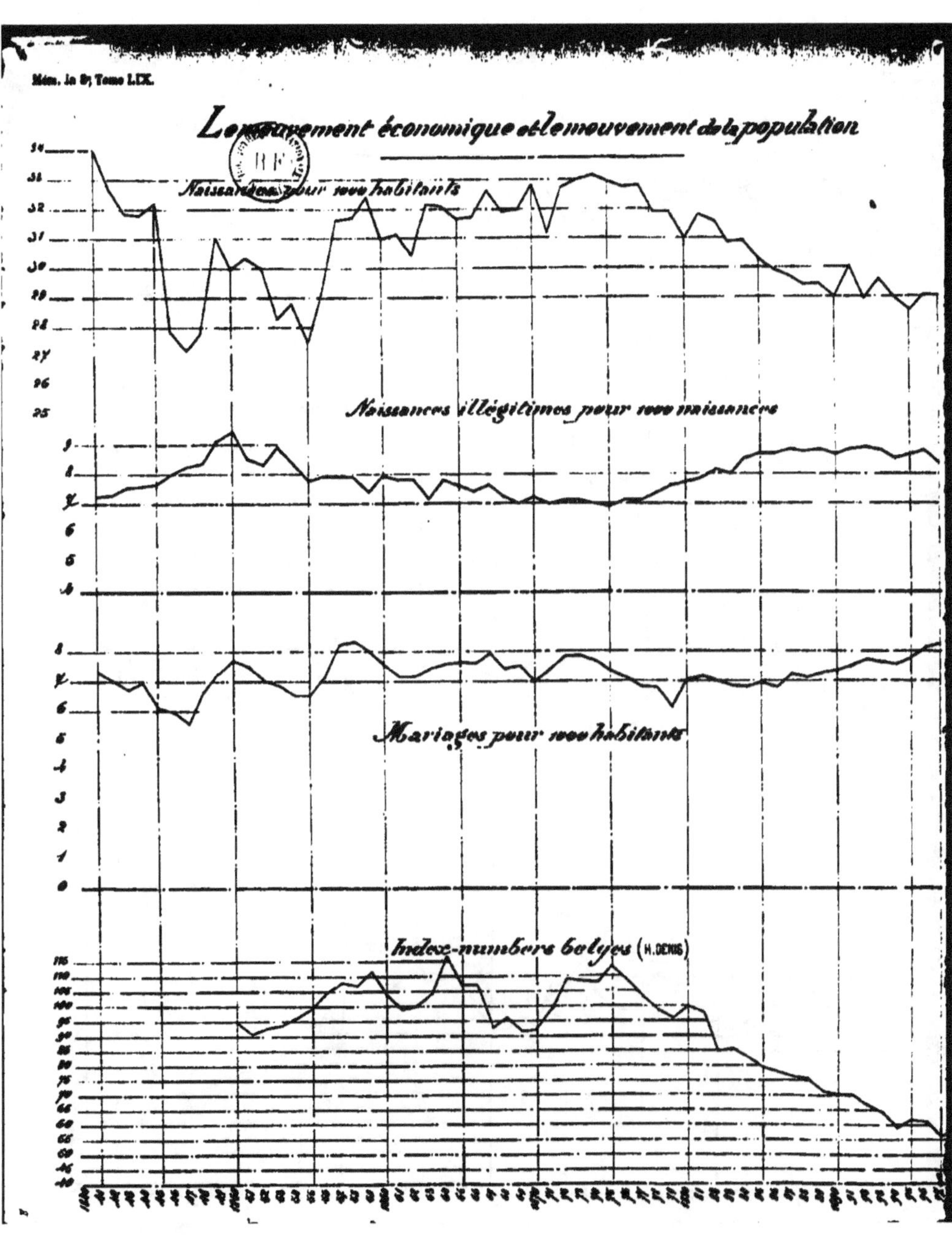

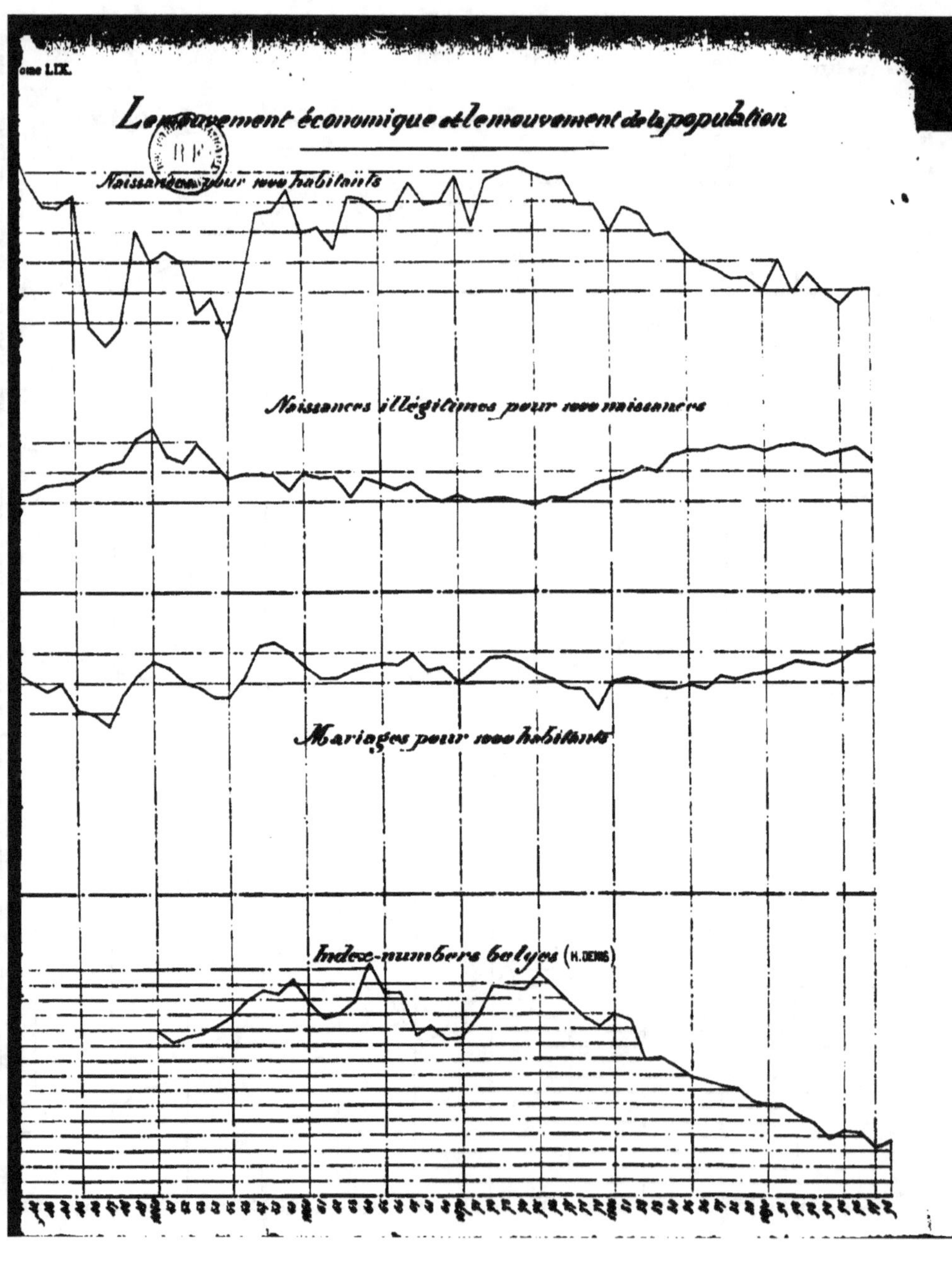
Le mouvement économique et le mouvement de la population
Naissances pour 1000 habitants
Naissances illégitimes pour 1000 naissances
Mariages pour 1000 habitants
Index-numbers belges (H. DENIS)